Impressum
Verlag: BABADADA GmbH, Nedderfeld 112 , 22529 Hamburg
Geschäftsführer / Verlagsleitung: Harald Hof
Druck: Books on Demand GmbH, In de Tarpen 42, 22848 Norderstedt

Imprint
Publisher: BABADADA GmbH, Nedderfeld 112 , 22529 Hamburg, Germany
Managing Director / Publishing direction: Harald Hof
Print: Books on Demand GmbH, In de Tarpen 42, 22848 Norderstedt

ښوونځی
school

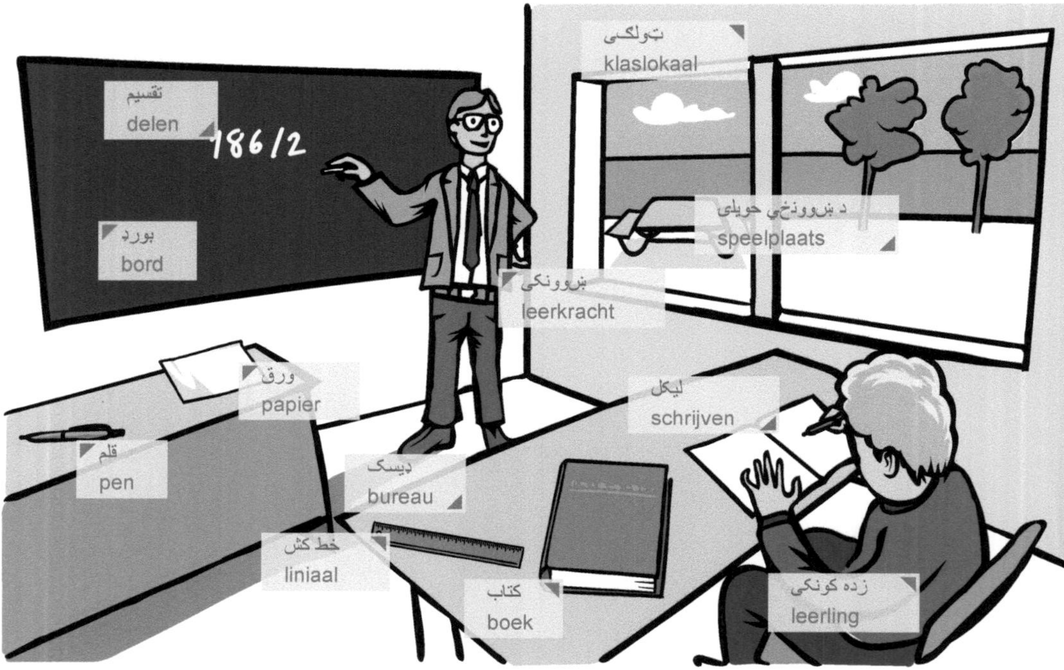

ټولګی
klaslokaal
تقسیم
delen
186/2
بورډ
bord
د ښوونځي حویلی
speelplaats
ښوونکی
leerkracht
ورق
papier
لیکل
schrijven
قلم
pen
ډیسک
bureau
خط کش
liniaal
کتاب
boek
زده کونکی
leerling

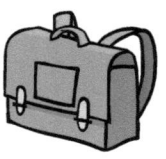

کڅوړه

schooltas

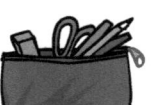

د پنسل بکسه

pennenzak

پنسل

potlood

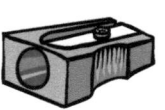

پنسل تراش

puntenslijper

ربړ

gom

د رسامۍ پاڼه

tekenblok

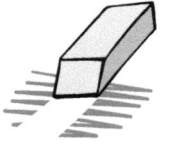

رسامي
tekening

د نقاشی برس
verfborstel

د نقاشی بکس
verfdoos

قیچي
schaar

سریش
lijm

د تمرین کتاب
werkboek

کورنی دنده
huiswerk

12

 شمیر
nummer

2+2

جمع
optellen

5-2

منفي
aftrekken

2×2

ضرب
vermenigvuldigen

حساب
rekenen

A

توری
letter

**ABCDEFG
HIJKLMN
OPQRSTU
VWXYZ**

الفبا
alfabet

hello

کلمه
woord

متن
tekst

لوستل
Lezen

تباشير
krijt

درس
les

راجستر
klassenboek

ازموينه
examen

تصديق پانه
certificaat

د ښوونځي يونيفارم
schooluniform

تعليم
onderwijs

دايره المعارف
encyclopedie

پوهنتون
universiteit

مايكروسكوپ
microscoop

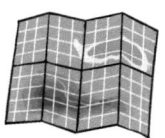

نقشه
kaart

اشغالدانى
papiermand

سفر
reis

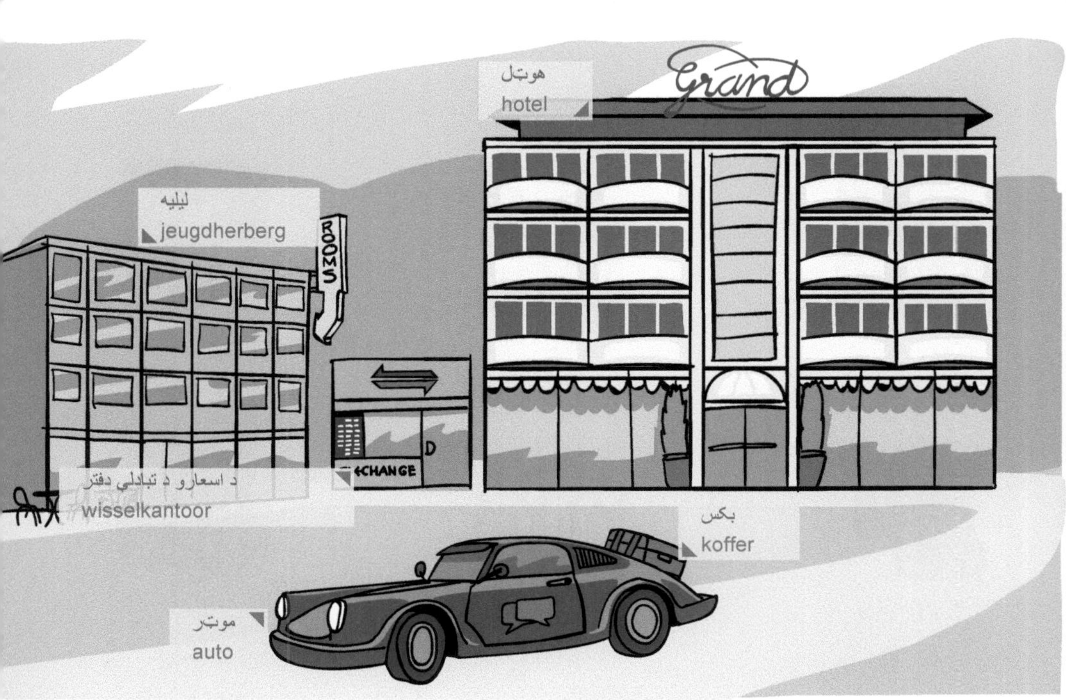

هوټل
hotel
Grand
ليليه
jeugdherberg
ROOMS
د اسعارو د تبادلي دفتر
wisselkantoor
CHANGE
بکس
koffer
موټر
auto

ژبه

Taal

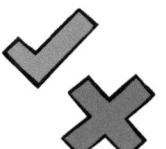

هو/نه

ja / nee

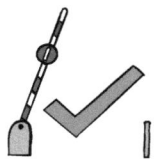

سمه ده

oké

سلام

hallo

ژباړونکی

vertaler

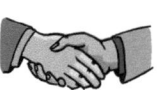

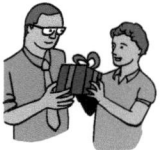

مننه

bedankt

غومره دي...؟

Hoeveel kost …?

زه نه پوهيږم

Ik begrijp het niet

ستونزه

probleem

ماښام مو پخير!

Goedenavond!

سهار په خير!

Goedemorgen!

شپه په خير!

Goedenavond!

په مخه مو ښه

Tot ziens

لارښود

richting

سامان

bagage

بيگ

zak

شاتنی بکس

rugzak

ميلمه

gast

خونه

kamer

د خوب كڅوړه

slaapzak

خيمه

tent

د توريزم معلومات

toeristeninformatie

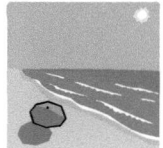

ساحل

strand

کریدیت کارت

kredietkaart

ناری

ontbijt

د غرمي خواړه

lunch

د شپي خواړه

avondeten

تیکټ

ticket

لفټ

lift

مهر

postzegel

پوله

grens

ګمرک

douane

سفارت

ambassade

ویزه

visum

پاسپورت

paspoort

ټرانسپورټ

transport

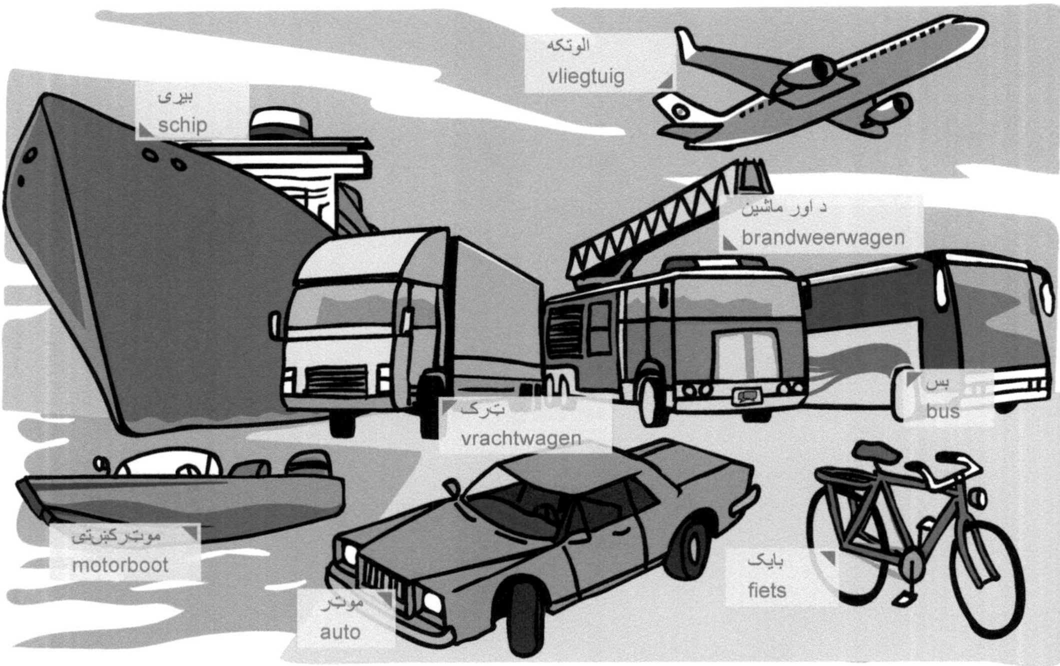
الوتکه
vliegtuig
بیړۍ
schip
د اور ماشین
brandweerwagen
بس
bus
ټرک
vrachtwagen
موټرکښتۍ
motorboot
بایک
fiets
موټر
auto

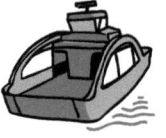

کښتۍ

veerboot

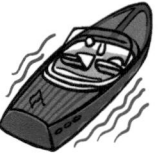

کښتۍ

boot

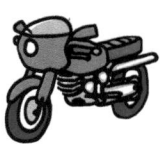

موټرسایکل

motor

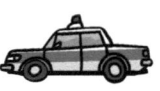

د پولیسو موټر

politiewagen

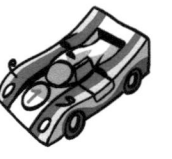

د ریس موټر

racewagen

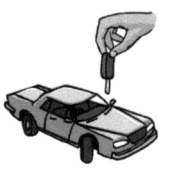

کرایی موټر

huurauto

د کرایه موټری

carpoolen

جرثقیل لرونکی ټرک

sleepwagen

کثریفیوز ټرک

vuilniswagen

موټر

motor

سونګ ټوکي

benzine

پټرول ستیشن

benzinestation

ترافیکي نښه

verkeersbord

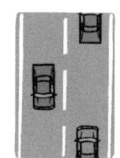

ترافیک

verkeer

جام ترافیک

file

د موټرو تمځای

parkeerplaats

د ریل ستیشن

station

پټاتکي

sporen

ریل

trein

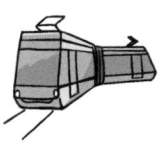

ټرام

tram

واګون

wagon

چورلکه

helikopter

هوايي ډګر

luchthaven

برج

toren

مسافر

passagier

کانتينر

container

کارتون

karton

کارټ

kar

ټوکرۍ

mand

الوتنه کول/کېنښيناستل

opstijgen / landen

ښار

stad

کلی

dorp

د ښار مرکز

stadscentrum

کور

huis

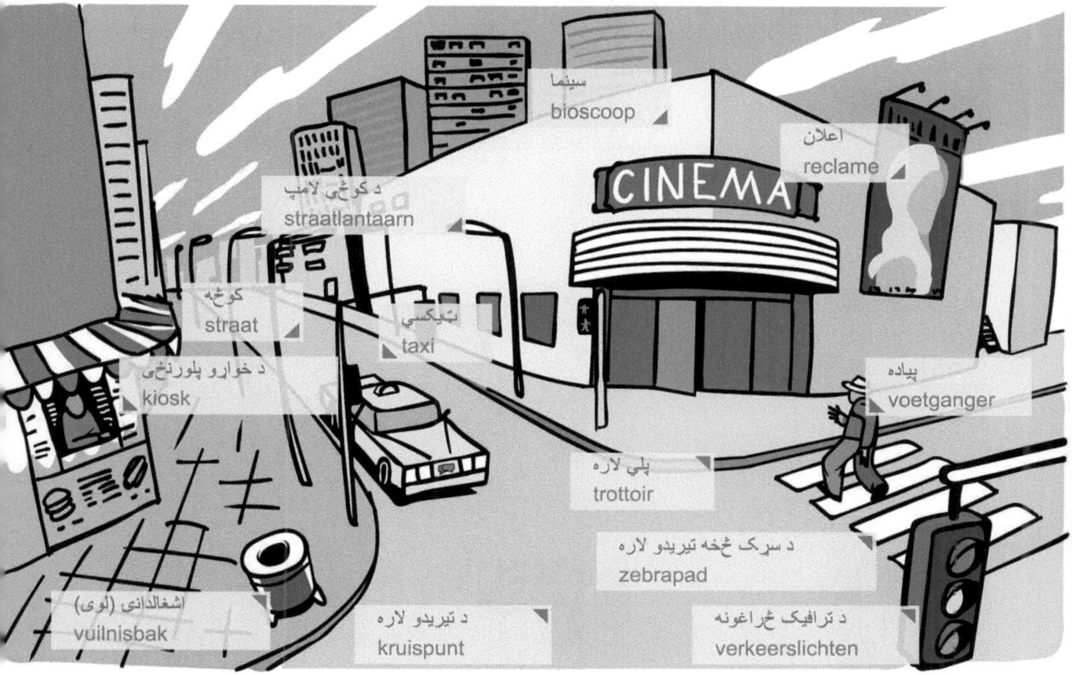
CINEMA
سینما
bioscoop
اعلان
reclame
د کوڅې لامپ
straatlantaarn
کوڅه
straat
ټیکسي
taxi
د خوارو پلورنځی
kiosk
پیاده
voetganger
پلي لاره
trottoir
د سړک څخه تیریدو لاره
zebrapad
اشغالدانی (لوی)
vuilnisbak
د تیریدو لاره
kruispunt
د ترافیک څراغونه
verkeerslichten

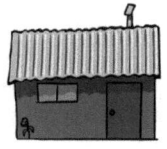

کوډله
hut

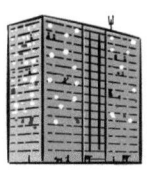

اپارتمان
woning

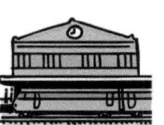

د ریل سټیشن
station

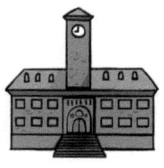

ټاون هال
stadshuis

MUSEUM

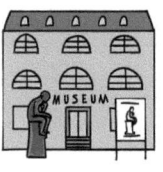

میوزیم
museum

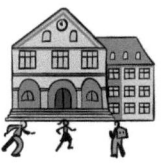

ښوونځی
school

پوهنتون

universiteit

بانک

bank

روغتون

ziekenhuis

هوټل

hotel

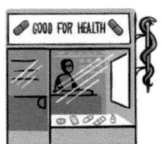

درملتون

apotheek

دفتر

kantoor

کتاب پلورنځی

boekwinkel

پلورنځی

winkel

د ګلانو پلورنځی

bloemenwinkel

لوی پلورنځی

supermarkt

مارکیټ

markt

د ډیپارټمنټ سټور

warenhuis

کب پلورنځی

vishandelaar

د پلور مرکز

winkelcentrum

لنګرتون

haven

پارک

park

بينچ

bank

پل

brug

زينه

trap

د څمکي لاندي

metro

تونل

tunnel

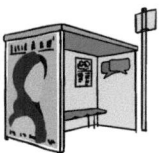

بس تمځای

bushalte

بار

bar

ريستورانت

restaurant

پوست بکس

brievenbus

د کوڅی نښه

straatnaambord

د پارک کولو ميټر

parkeermeter

ژوبڼ

zoo

د لامبو حوض

zwembad

مسجد

moskee

كرونده
·················
boerderij

ناپاکي
·················
milieuverontreiniging

هدیره
·················
kerkhof

چرچ
·················
kerk

د لوبو ډګر
·················
speelplaats

معبد/کلیسا
·················
tempel

منظره

landschap

پاڼه
blad

د لارښوونې نښه
wegwijzer

لاره
weg

چمن
weide

کاڼی
steen

ونه
boom

هايکر
wandelaar

سيند
rivier

واښه
gras

ګل
bloem

دره
....
vallei

غوندی
....
heuvel

ناور
....
meer

خنګل
....
bos

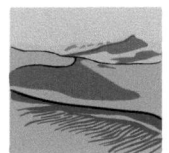

دشته
....
woestijn

اورشیندی
....
vulkaan

كلا
....
kasteel

رنگین کمان
....
regenboog

مرخیري
....
paddenstoel

پلم ونه
....
palmboom

ماشي
....
mug

الوتل
....
vlieg

میږی
....
mier

مچی
....
bijl

غوندل/جولا
....
spin

كونگت

kever

چونگښه

kikker

نولى

eekhoorn

زیرکی

egel

سوى

haas

كونگ

uil

مرغى

vogel

قازه

zwaan

نرخوگ

wild zwijn

هوسى

hert

گاوزه

eland

بند

dam

بادي توربين

windturbine

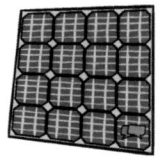

سولر تختى

zonnepaneel

اقليم

klimaat

restaurant

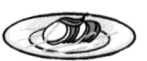

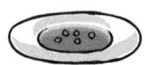

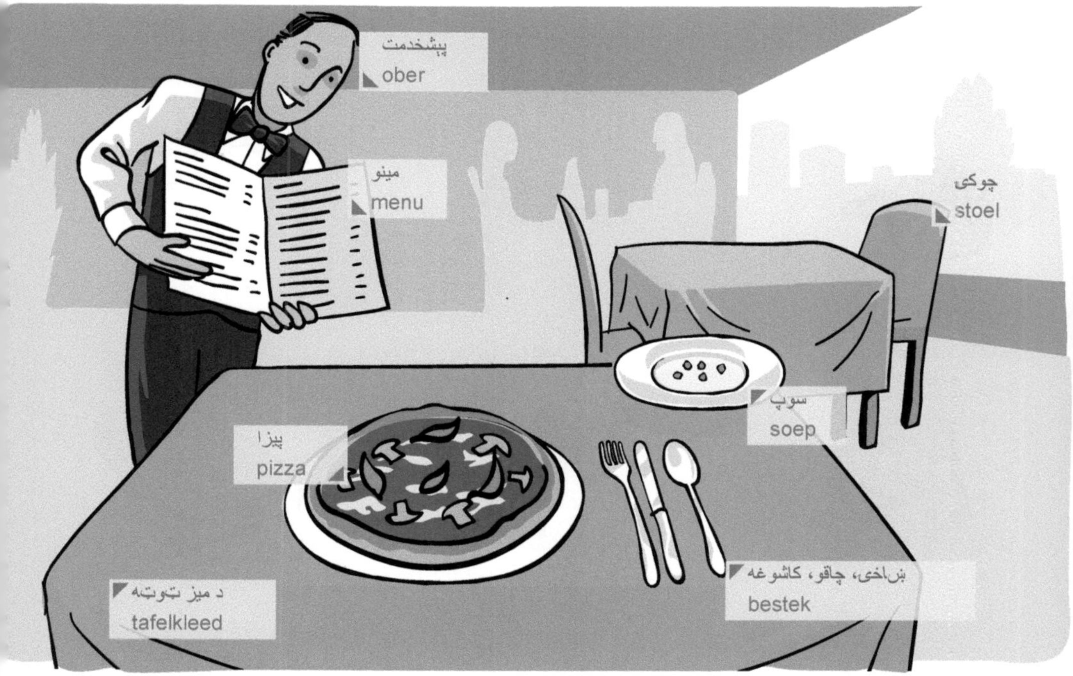

پیشخدمت
ober
مینو
menu
چوکۍ
stoel
سوپ
soep
پیزا
pizza
د میز ټوټه
tafelkleed
ښاخې، چاقو، کاشوغه
bestek

سټارټر

voorgerecht

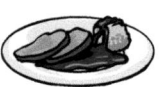

اصلي خواړه

hoofdgerecht

شیرني

nagerecht

څښاک

drankjes

خواړه

eten

بوتل

fles

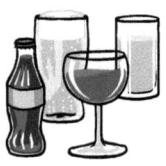

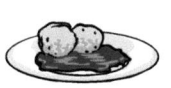

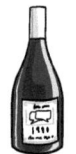

فاسټ فود

fastfood

د کوڅې خواره

street food

چای جوش

theepot

قندانی

suikerpot

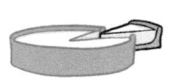

برخه

portie

اسپرسو مشین

espressomachine

لوړه چوکی

kinderstoel

رسید

rekening

مجمه

dienblad

چاکو

mes

پنجه

vork

قاشق

lepel

چای قاشق

theelepel

سورویت

serviette

گلاس

glas

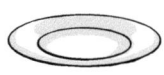

پلیټ
....
bord

د سوپ پلیټ
....
soepbord

نالبکی
....
schoteltje

ساس
....
saus

مالګه شیندونکی
....
zoutvatje

د مرچ چټکولو لوخی
....
pepermolen

سرکه
....
azijn

غوري
....
olie

مساله
....
kruiden

کچ اپ
....
ketchup

ښرشم
....
mosterd

چکه
....
mayonaise

لوی پلورنځی
supermarkt

خانګړی وړاندیز
aanbieding
FOR
پیرودونکی
klant
لبنیات
zuivelproducten
میوه
fruit
لاسي ځرخ
winkelwagen

BUTCHERS

قصابي
slagerij

BAKERY

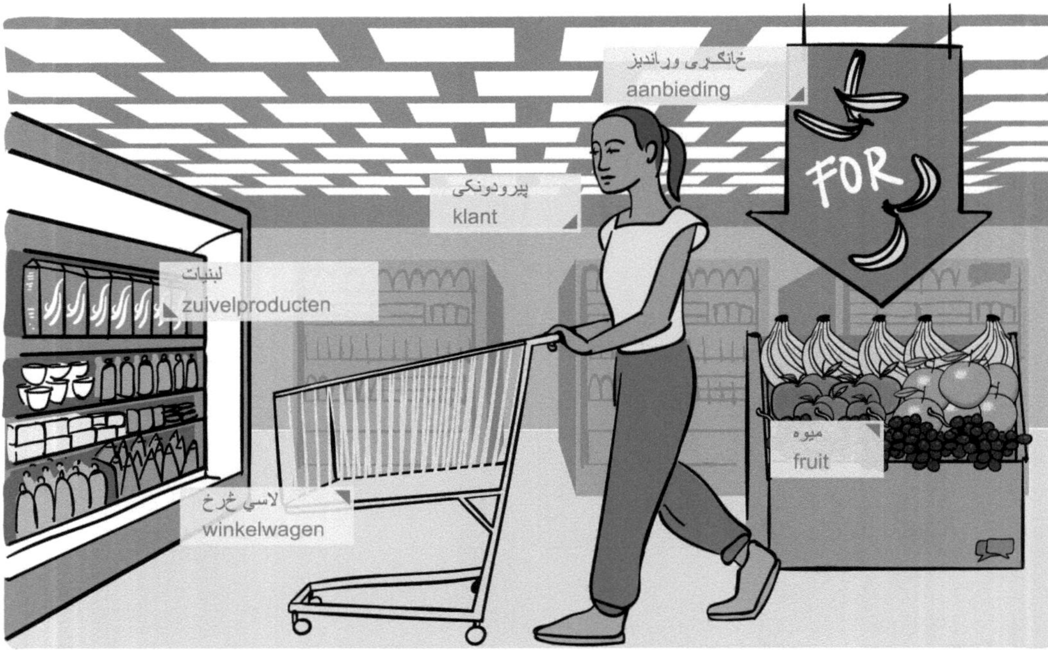

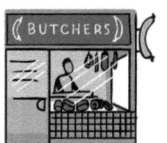

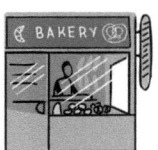

نانوایی
bakkerij

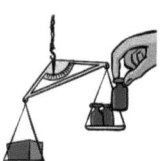

وزن کول
wegen

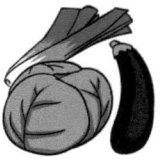

سبزیجات
groenten

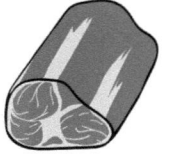

غوښه
vlees

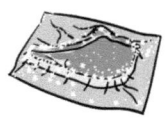

کنګل خواره
diepvriesvoedsel

هڅوغ هخي

charcuterie

هراوخ اورسنک

conserven

ردوپ ولخنيم د

waspoeder

ينيريش

snoep

تاديلوت ينروك

huishoudproducten

تلاوصحم ولوكاپ د

schoonmaakproducten

درف رولپ د

verkoopster

رتسجار يدغن د

kassa

فارص

kassier

تسيل دورپ د

boodschappenlijstje

هنوتعاس يراك

openingstijden

هوتب

portefeuille

تراك تيديرك

kredietkaart

هروڅك

tas

هروڅك کيتسلاپ

plastieken zakje

drankjes

اوبه

water

جوس

sap

شیده

melk

کوک

cola

واین

wijn

بیر

bier

الکول

alcohol

ککاو

cacao

چای

thee

کافي

koffie

اسپرسو

espresso

کپچینو

cappuccino

كيله

banaan

منۍه

appel

نارنج

sinaasappel

هندوانۍه

meloen

ليمو

citroen

گازره

wortel

هوږه

knoflook

بانکس

bamboe

پياز

ajuin

مرخيړي

champignon

چغزى

noten

آش

noodles

سپیگتي

spaghetti

وریجی

rijst

سلاد

salade

چپس

frieten

سره کري کچالو

gebakken aardappelen

پیزا

pizza

همبرگر

hamburger

ساندویچ

sandwich

کتره

kalfslapje

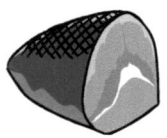

د پټون غوښه

ham

سلمي

salami

ساسچ

worst

چرگ

kip

روست

braden

کب

vis

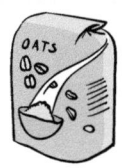

د وربشي شیرني

havervlokken

موسلي

muesli

د جوار پلی

cornflakes

اوړه

bloem

کروسانت

croissant

د ډوډی رول

pistolet

ډوډی

brood

توست

toast

بسکیت

koekjes

کوچ

boter

چکه

kwark

کیک

taart

هگی

ei

پښي هگی

spiegelei

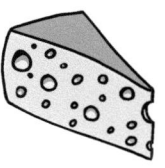

پنیر

kaas

آیس کریم

ijs

بوره

suiker

شهد

honing

مربا

confituur

نوگات کریم

choco

کورکمان

curry

د کروندي خونه
boerderij

غوجل
schuur

د بوسو گیډۍ
strobaal

څمکه
veld

اس
paard

لاس گاډۍ
aanhangwagen

کوچنی اس
veulen

تریکټر
tractor

خر
ezel

ورى
lam

پسه
schaap

وزه
geit

غوا
koe

خوسکی
kalf

خوگ
varken

د خوگ بچی
biggetje

غویی
stier

بته

gans

هيلۍ

eend

چرګوری

kuiken

چرګه

kip

بانګي

haan

سارای موږک

rat

پيشک

kat

موږک

muis

غويى

os

سپی

hond

د سپي خونه

hondenhok

د باغ هوز

tuinslang

د اوبو لوخی

gieter

لور (داس)

zeis

يوی

ploeg

لور
....
sikkel

رمبی
....
schoffel

بڼاخی
....
hooivork

تبر
....
bijl

کراچی
....
kruiwagen

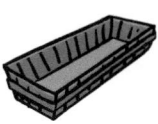

ناوه
....
trog

د شیدو لوخی
....
melkkan

جوال
....
zak

کټاره
....
hek

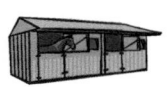

مضبوط
....
stal

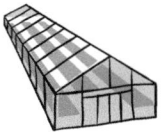

شنه خونه
....
broeikas

خاوره
....
bodem

تخم
....
zaad

سره/کود
....
mest

ګڼ ریبونکی ماشین
....
maaidorser

زيرمه کول

oogsten

درمند

oogst

خواره کچالو

yam

غنم

tarwe

سويا

soja

کچالو

aardappel

جوار

maïs

نباتي تخم

koolzaad

د ميوي ونه

fruitboom

مانيوک

maniok

غله

graan

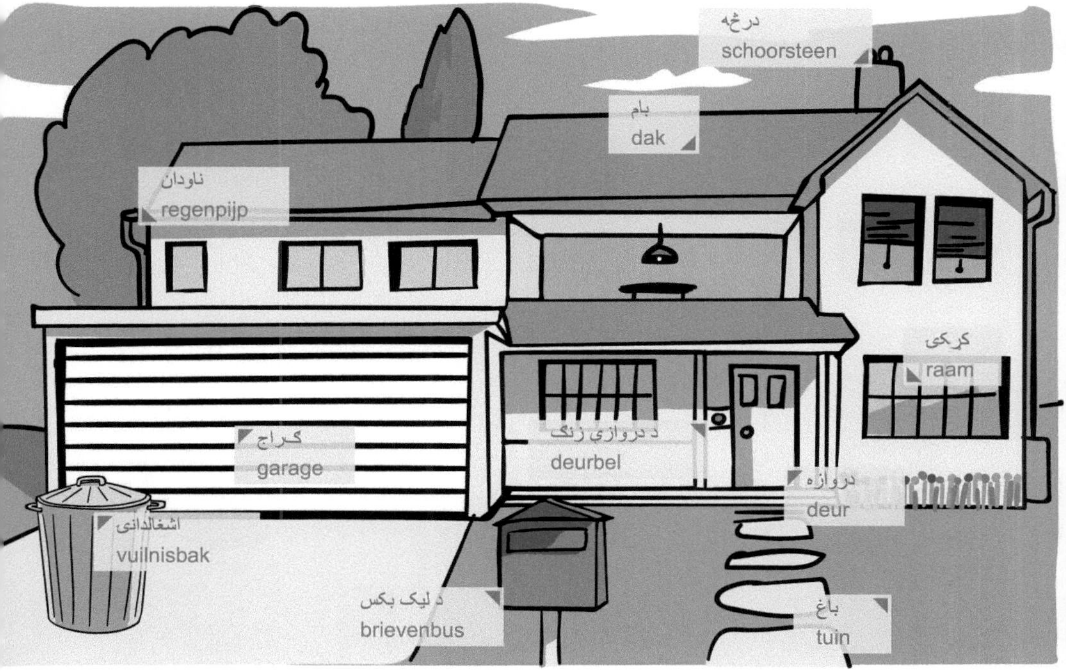

درغه
schoorsteen

بام
dak

ناودان
regenpijp

کرکی
raam

ګراج
garage

د دروازې زنګ
deurbel

دروازه
deur

اشغالدانۍ
vuilnisbak

د لیک بکس
brievenbus

باغ
tuin

د اوسیدو خونه

woonkamer

حمام

badkamer

پخلنځی

keuken

د ویده کیدو خونه

slaapkamer

د ماشوم خونه

kinderkamer

د خوارو خونه

eetkamer

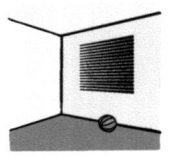

فرش

vloer

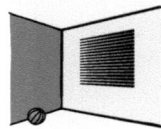

لادیو

muur

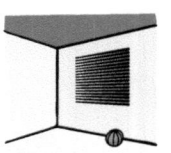

تچ

plafond

زیرخانه

kelder

انوس

sauna

يکونيلاب

balkon

ساترت

terras

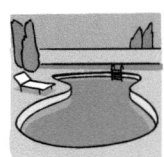

ضوح

zwembad

د چمن وهلو ماشين

grasmaaier

شیت

dekbedovertrek

روجایی

dekbed

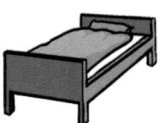

تخت

bed

جارو

bezem

بوکه

emmer

سویچ

schakelaar

د اوسیدو خونه

woonkamer

والپیپر
behangpapier
عکس
foto
لامپ
lamp
شیلف
schap
الماری
kast
تلویزیون
televisie
نغری
open haard
ګل
bloem
بالښت
kussen
صوفه
sofa
ګلدانی
vaas
ریموټ کنټرول
afstandsbediening

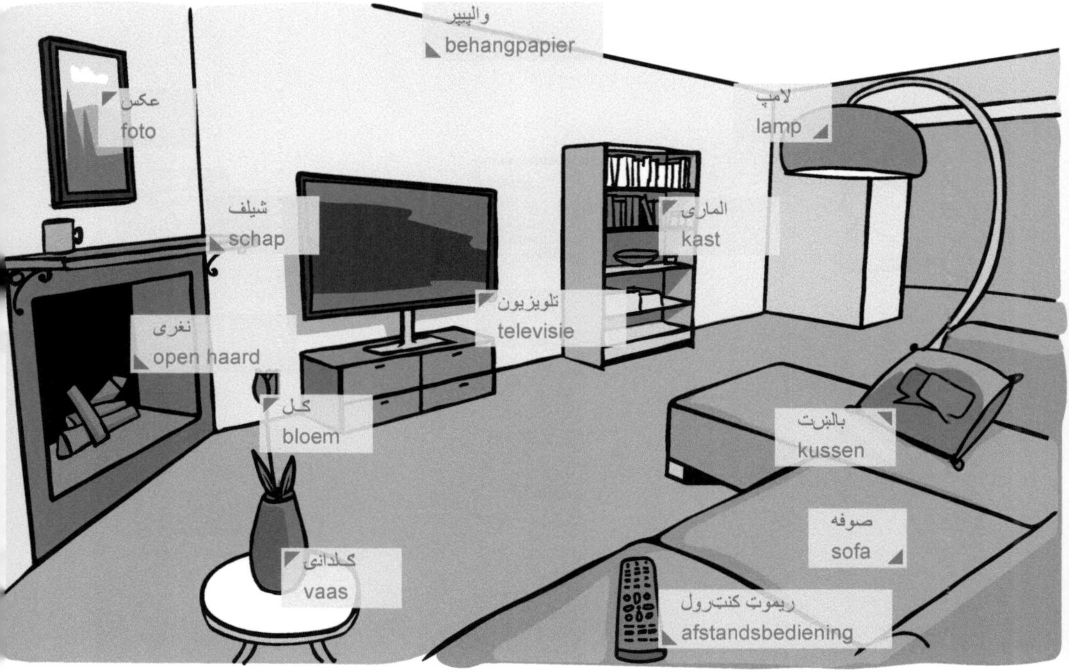

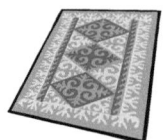

غالی

mat

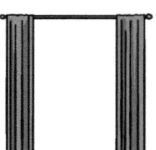

پرده

gordijn

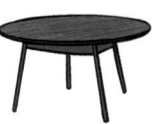

میز

tafel

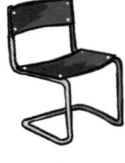

چوکی

stoel

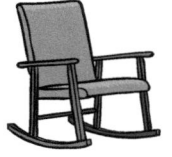

تاویدونکي چوکی

schommelstoel

بازو لرونکی چوکی

fauteuil

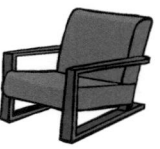

كتاب

boek

كمبل

deken

ديكوريشن

decoratie

د اور لرکي

brandhout

فلم

film

هايفاى

stereo-installatie

كلي

sleutel

ورځپانه

krant

نقاشي

schilderij

پوستر

poster

راديو

radio

كتابچه

notitieboekje

واكيوم جارو

stofzuiger

كاكتوس

cactus

شمع

kaars

پخلنځی
keuken

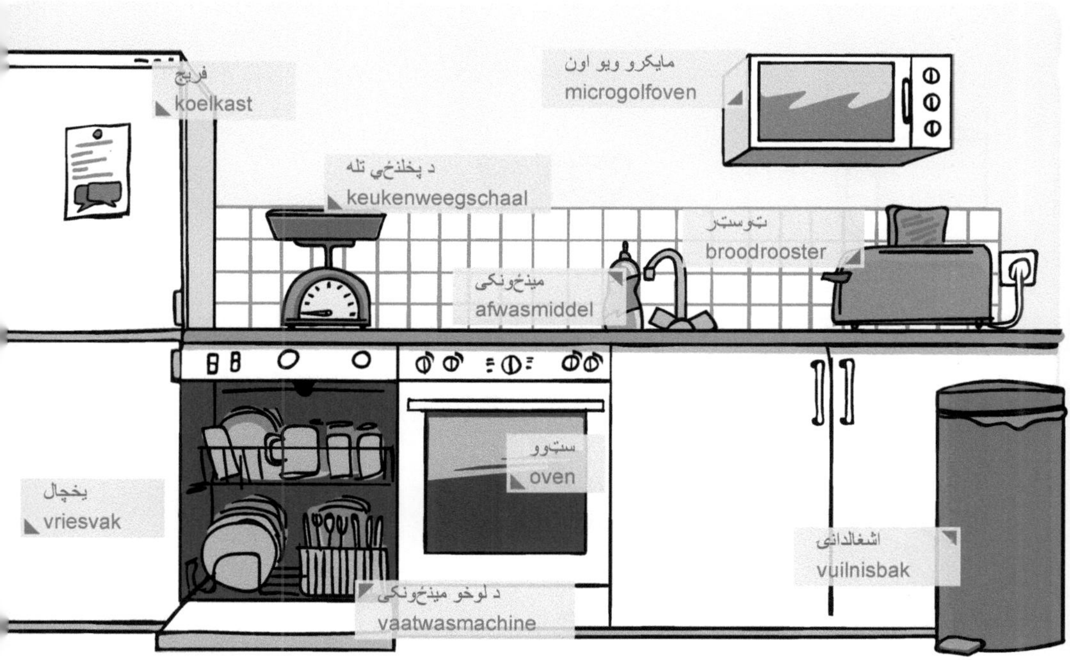

فریج
koelkast
مایکرو ویو اون
microgolfoven
د پخلنځي تله
keukenweegschaal
ټوسټر
broodrooster
مینځونکی
afwasmiddel
ستوو
oven
یخچال
vriesvak
اشغالدانی
vuilnisbak
د لوخو مینځونکی
vaatwasmachine

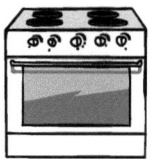

دیگ بخار

fornuis

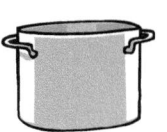

لوخی

pot

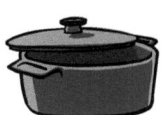

چدني لوخی

gietijzeren pot

ووک

wok / kadai

د تلي په

pan

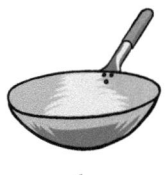

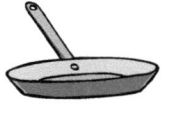

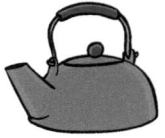

چای جوش

waterkoker

د بخار ديگ

stoomkoker

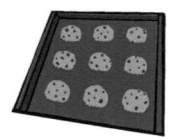

پتنوس

bakplaat

لوخي

servies

مگ

mok

كاسه

kom

د رانيولو اوزار

eetstokjes

څمڅی

pollepel

كفكير

spatel

پاكونكی

garde

صافي

vergiet

غلبيل

zeef

كريتر

rasp

اونگ

mortier

بار بي كيو

barbecue

خلاص اور

haardvuur

تخته

snijplank

هوارونکی

deegrol

کارک سکریو

kurkentrekker

تیم

blik

د تیم خلاصونکی

blikopener

د لوخي تووته

pannenlap

ظرف شوی

gootsteen

برس

borstel

سپنج

spons

بلیندر

blender

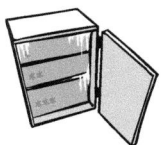

ژور یخچال

vriezer

د ماشوم بوتل

papfles

نل

kraan

حمام

badkamer

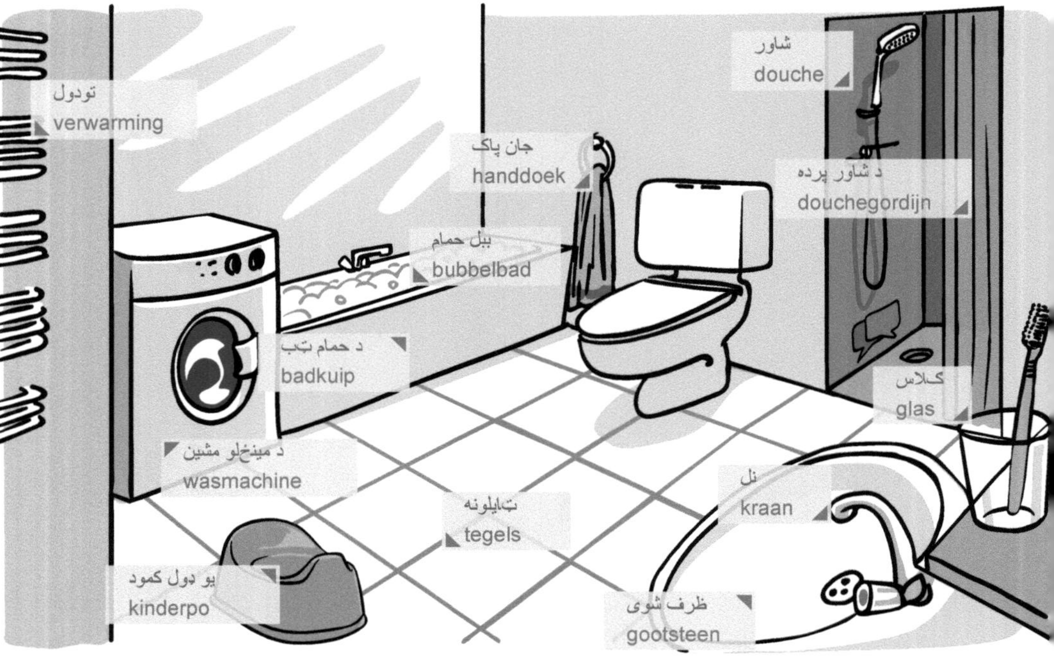

تودول
verwarming
جان پاک
handdoek
شاور
douche
د شاور پرده
douchegordijn
ببل حمام
bubbelbad
د حمام ټب
badkuip
ګلاس
glas
د مينځلو مشين
wasmachine
نل
kraan
ټايلونه
tegels
يو دول کمود
kinderpo
ظرف شوی
gootsteen

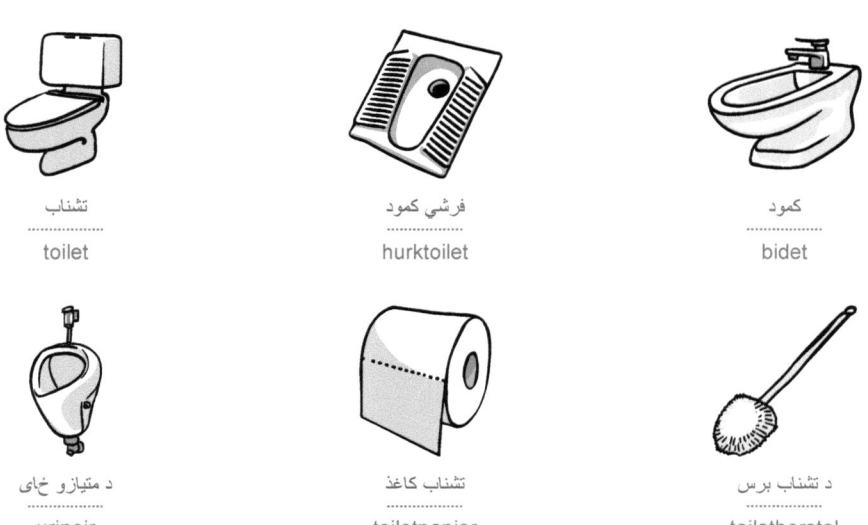

تشناب

toilet

فرشي کمود

hurktoilet

کمود

bidet

د متيازو ځای

urinoir

تشناب کاغذ

toiletpapier

د تشناب برس

toiletborstel

د غاښونو برس

tandenborstel

د غاښونو کریم

tandpasta

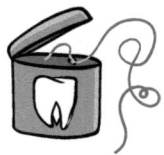

د غاښونو نخ

flosdraad

مینځل

wassen

لاسي شاور

handdouche

دوش

bidethanddouche

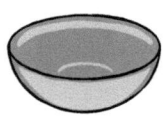

خانک

waskom

د شا برس

rugborstel

صابون

zeep

د شاور ژل

douchegel

شامپو

shampoo

فلانل جامه

washandje

وچول

afvoer

کریم

crème

سپری

deodorant

آینه

spiegel

آینه لاسي

handspiegel

ریزر

scheermes

د خریلو فوم

scheerschuim

د خریلو وروسته

aftershave

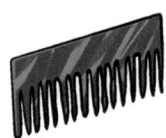

ګمنځ

kam

برس

borstel

د ویښتانو وچونکی

haardroger

د ویښتانو سپری

haarlak

میک اپ

make-up

لیپ سټیک

lippenstift

د نوکانو پالش

nagellak

کاټن وری

watten

ناخن ګیر

nagelknipper

عطر

parfum

د ميذخلو كخوره

toilettas

ستول

kruk

د وزن كولو تله

weegschaal

د حمام پوښاک

badjas

د ربر دستكش

latex handschoenen

تامپون

tampon

صحيي جان پاک

maandverband

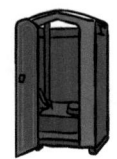

كيميكل تشناب

chemisch toilet

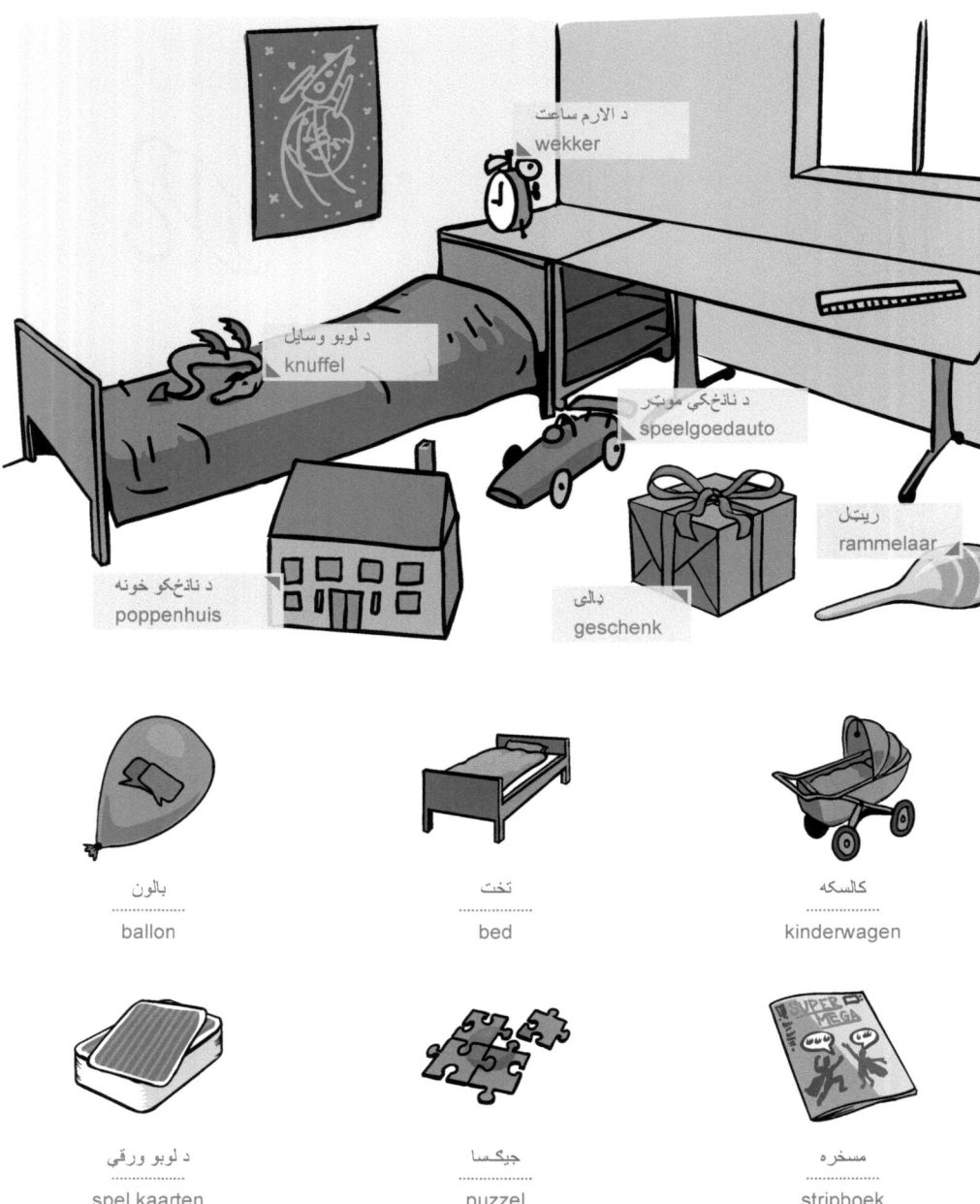

د الارم ساعت
wekker

د لوبو وسایل
knuffel

د ناڅخکي موټر
speelgoedauto

ریتل
rammelaar

د ناڅخکو خونه
poppenhuis

ډالۍ
geschenk

بالون
ballon

تخت
bed

کالسکه
kinderwagen

د لوبو ورقي
spel kaarten

جیکسا
puzzel

مسخره
stripboek

لیکو بریک

legoblokjes

د ناذخکو بلاک

blokken

د اکشن فیګور

actiefiguur

د ماشوم پوښاک

kruippakje

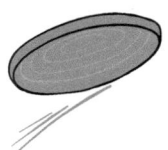

فریزبي

frisbee

موبایل

mobiel

بورد لوبه

bordspel

تاس

dobbelsteen

مادل ریل سیټ

modelspoorweg

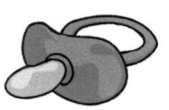

ګونګشی

fopspeen

پارتي

feest

د عکسونو البوم

prentenboek

بال

bal

ناذخکه

pop

لوبیدل

spelen

د شگو کنده
zandbak

سوینگ
schommel

ناځخکي
speelgoed

د ویډیو لوبو کنسول
spelconsole

تسرای سایکل
driewieler

کوډکه
knuffelbeer

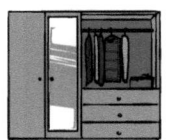

د کالو الماری
kleerkast

جرابي
sokken

لوړي جرابي
kousen

تایتس
maillot

زروکی
sjaal

چتری
paraplu

تي شرت
T-shirt

کمربند
riem

بوټان
laarzen

سلیپر
slippers

سنیکر
sneakers

سینډل
sandalen

بوټان
schoenen

د ربر بوټان
rubberlaarzen

زیرنیکري
onderbroek

سینه بند
beha

واسکټ
onderhemd

بادي

lichaam

پتلون

broek

جينز

jeans

لمن

rok

بلاوز

blouse

شرت

hemd

بنيان

trui

سويتر

capuchontrui

بليزر

blazer

جاكټ

jas

کوټ

jas

د باران کوټ

regenjas

پوښاک

kostuum

کالي

jurk

د واده پوښاک

trouwjurk

دريشي

pak

د شپې پوښاک

nachthemd

پاجامه

pyjama

ساري

sari

لوپټه

hoofddoek

پټکی

tulband

برقه

boerka

کفتن

kaftan

عبا

abaya

د لامبو پوښاک

badpak

نیکر

zwembroek

شارټ

short

د خُغاستي پوښاک

trainingspak

پیش بند

schort

دستکش

handschoenen

بټن

knoop

عینک

bril

لاس بند

armband

غاړه کی

ketting

ګوتمه

ring

غوږوالی

oorbel

خولۍ

pet

کوټ بند

kapstok

خولۍ

hoed

نتایی

das

ځنځیر

rits

هیلمیټ

helm

تړونکی

bretellen

د ښوونځي یونیفارم

schooluniform

یونیفارم

uniform

بيب
....
slabbetje

ګونګشی
....
fopspeen

نيپي
....
luier

kantoor

سرور
server

د دوسيه الماری
dossierkast

مانيتور
monitor

پرينتر
printer

ورق
papier

ماوس
muis

ډيسک
bureau

فولډر
map

کي بورډ
toestenbord

اشغالدانی
papiermand

کمپيوتر
computer

چوکی
stoel

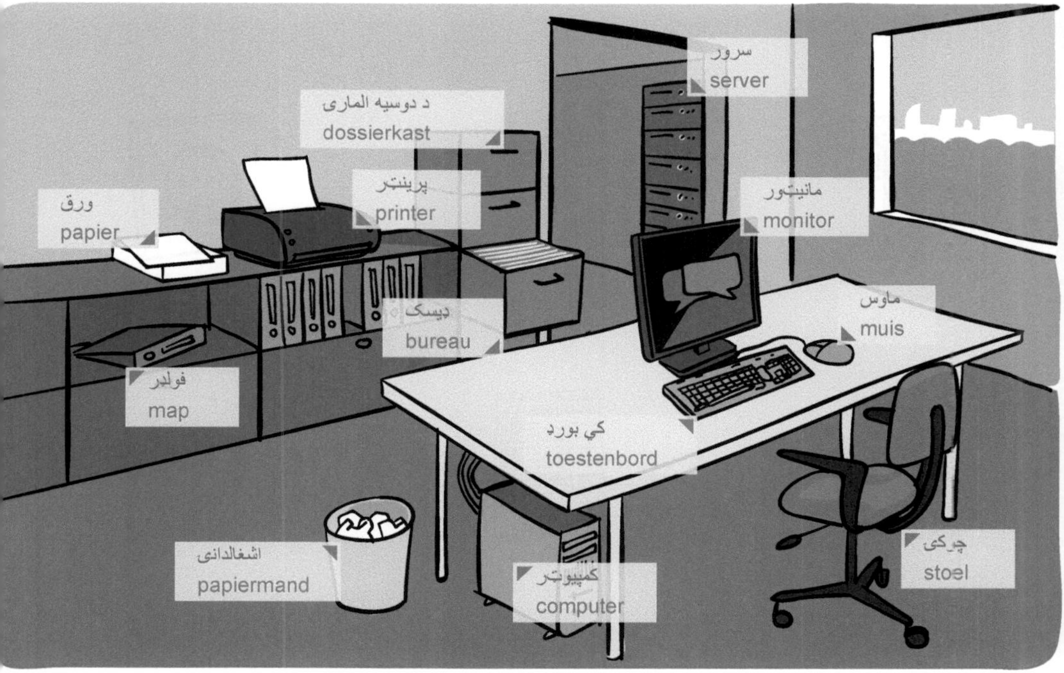

د کافي پياله
....
koffiemok

کالکوليټر
....
rekenmachine

انټرنيت
....
internet

پاپ‌تَپ لپ

laptop

کیل

brief

پیغام

bericht

موبایل

gsm

کروتیبن

netwerk

فوتوکاپیر

kopieerapparaat

سافتویر

software

نفونیلت

telefoon

پلک ساکتِ

stopcontact

فکس مشین

fax

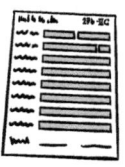

فارم

formulier

سند

document

لرپي

kopen

كول هيدات

betalen

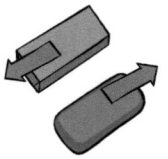

كول يرگادوس

handelen

سيپي

geld

رالد

dollar

ورورو

euro

ني

yen

لبر

roebel

كانارف يسيوس

Zwitserse frank

ناوي يبنيمينر

Chinese renminbi

يپور

roepie

ىاخ وسيپ يدغن د

geldautomaat

د اسعارو د تبادلي دفتر

wisselkantoor

سره زر

goud

سپین زر

zilver

تیل

olie

انرژي

energie

نرخ

prijs

قرارداد

contract

مالیه

belasting

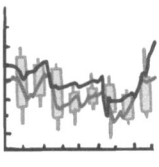

اسهام

aandeel

کار کول

werken

کارمند

werknemer

کار ګومارونکی

werkgever

فابریکه

fabriek

پلورنځی

winkel

د پوليسو افسر
politieagent

د اطفايه غری
brandweerman

آشپز
kok

ډاکټر
dokter

پیلوت
piloot

باغوان
tuinman

نجار
timmerman

خیاط
naaister

قاضي
rechter

کیمیا پوه
chemicus

د فلم لوبغاری
acteur

د بس ډرايور

buschauffeur

د ټيکسي ډرايور

taxichauffeur

کب نيونکی

visser

خدمه

schoonmaakster

بام جوړونکی

dakdekker

پيشخدمت

ober

ښکاري

jager

نقاش

schilder

نانوا

bakker

د بريښنا کارکونکی

elektricien

تعمير جوړونکی

bouwvakker

انجنير

ingenieur

قصاب

slager

نلدوان

loodgieter

پوست رسونکی

postbode

سرتیری

soldaat

مهندس

architect

صراف

kassier

مالیار

bloemist

نایی

kapper

کلیندر

conducteur

میکانیک

mecanicien

کپتان

kapitein

د غاښونو داکتر

tandarts

ساینس پوه

wetenschapper

شاغلی

rabbijn

امام

imam

مذهبي نفر

monnik

پادري

geestelijke

لوازم
werktuigen

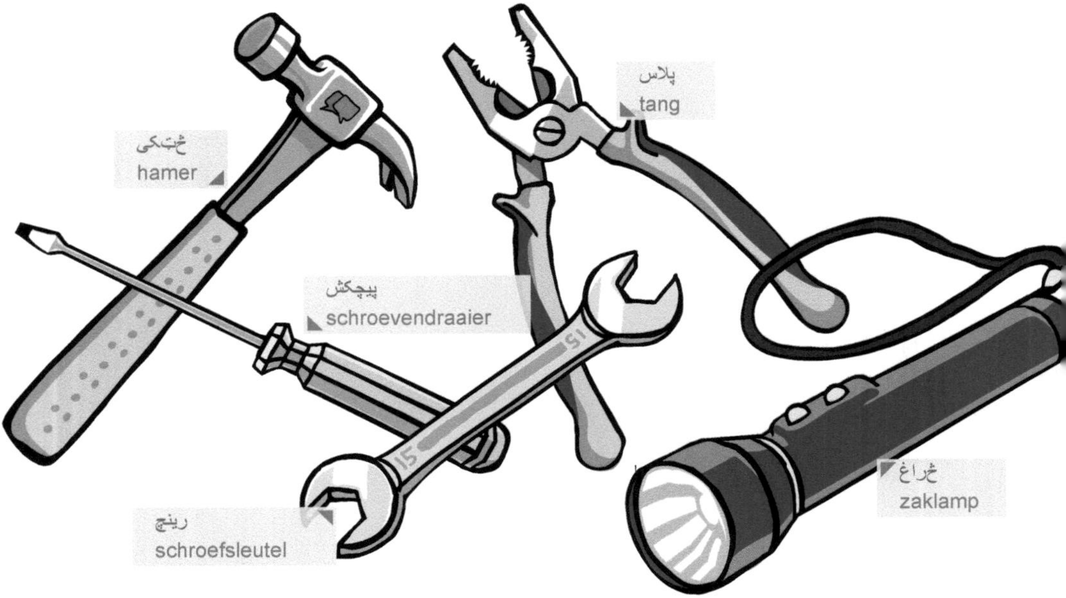

څټکی
hamer
پلاس
tang
پیچکش
schroevendraaier
رینچ
schroefsleutel
څراغ
zaklamp

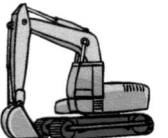

کنستونکی
graafmachine

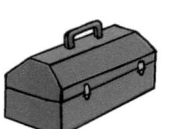

د لوازمو بکس
gereedschapskoffer

زینه
ladder

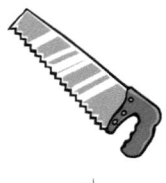

اره
zaag

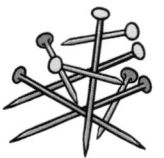

میخونه
spijkers

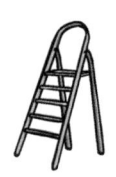

برمه
boormachine

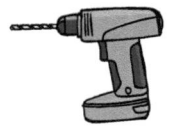

ترمیم کول

repareren

بیل

schop

لعنت!

Verdomme!

خاک انداز

blik

مشوانۍ

verfpot

پیچونه

schroeven

لاود سپیکر
luidspreker

درم سیټ
drumstel

ګیتار
gitaar

کنټرباس
contrabas

ترومپیټ
trompet

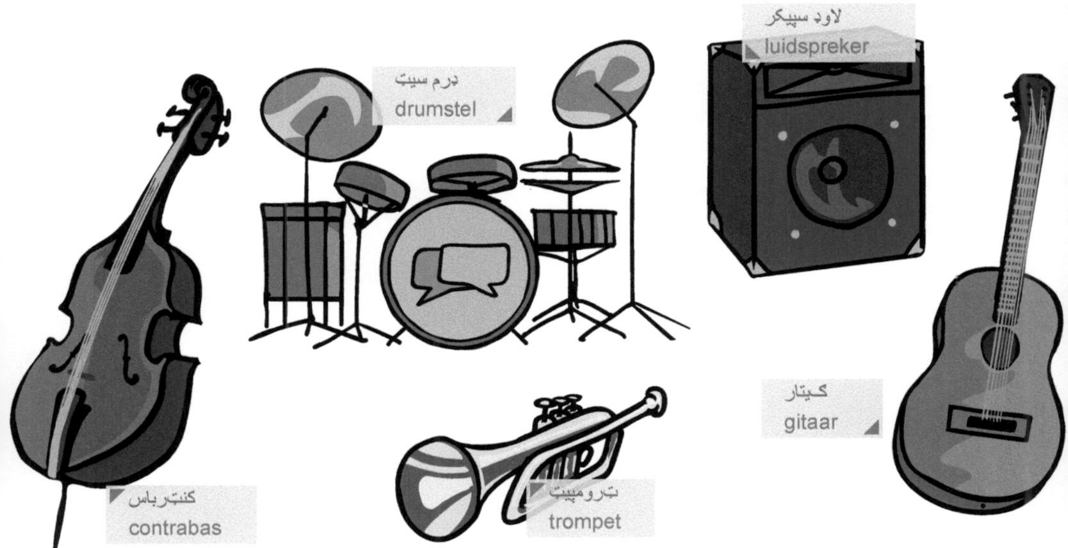

پیانو

piano

وایلن

viool

باس

basgitaar

نغاره

pauk

هونهډرم

trommels

کي بورډ

keyboard

سیکسافون

saxofoon

پیلیﺶ

fluit

مایکروفون

microfoon

پړانگ
tijger

پنجره
kooi

کورہ خر
zebra

د ژوبو خواړه
diereneten

ننوتو لاره
ingang

پانډا
panda

ژوی
dieren

هاتي
olifant

کنګرو
kangoeroe

د اوبو اسپ
neushoorn

ګوریلا
gorilla

اېږه
beer

شوا

kameel

غرمرتش

struisvogel

ىرمز

leeuw

وزيب

aap

ىزغ

flamingo

يطوط

papegaai

هريا يبطق

ijsbeer

نيوـگنيپ

pinguïn

كراش

haai

طاوس

pauw

رام

slang

حاسمت

krokodil

ىكنوتاس نبوژ

dierenverzorger

ليس

zeehond

راوـگج

jaguar

يابو

pony

پرانک

luipaard

هيپو

nijlpaard

زرافه

giraffe

باز

adelaar

نرخوگ

wild zwijn

کب

vis

شمشتی

zeeschildpad

سمندري نولی

walrus

گيدره

vos

هوسی

gazelle

امریکایی فټبال
rugby

سایکل ځغلول
wielrennen

تنیس
tennis

باسکیتبال
basketbal

لامبو
zwemmen

باکسینگ
boksen

د کنګل هاکي
ijshockey

فټبال
voetbal

کسیزه
badminton

د خغاستي لوبي
atletiek

د هندبال
handbal

سکي
skiën

پولو
polo

خندل
lachen

ټوپ وهل
springen

غاړه ورکول
knuffelen

کرخيدل
wandelən

سندري ويل
zingen

خوب ليدل
dromen

عبادت کول
bidden

مچو کول
kussen

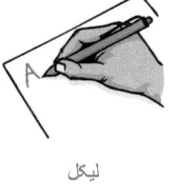

ليکل
schrijven

کښنل
tekenen

ښودل
tonen

تېله کول
duwen

ورکول
geven

اخيستل
nemen

درلودل

hebben

کول

doen

پاییدل

zijn

ودریدل

staan

منډي وهل

lopen

راکښل

trekken

ګوزارل

gooien

لویدل

vallen

غملاستل

liggen

انتظار کول

wachten

وړل

dragen

کښيناستل

zitten

پوښاک اغوستل

aankleden

ویده کیدل

slapen

پاخیدل

ontwaken

كتل

kijken naar

ژړل

wenen

بريد كول

aaien

كمنځ كول

kammen

خبري كول

praten

پوهيدل

begrijpen

غوښتل

vragen

اوريدل

luisteren

څښل

drinken

خورل

eten

پاكول

opruimen

مينه كول

houden van

پخلى كول

koken

موټر چلول

rijden

الوتل

vliegen

بېری چلول

zeilen

حساب

rekenen

لوستل

Lezen

زده کول

leren

کار کول

werken

واده کول

trouwen

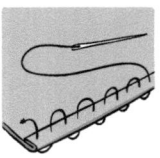

ګنډل

naaien

د غاښونو برس کول

tandenpoetsen

وژل

doden

سګرټ څښل

roken

لیږل

sturen

نیا
grootmoeder

نیکه
grootvader

پلار
vader

مور
moeder

ماشوم
baby

لور
dochter

زوی
zoon

میلمه
gast

ترور
tante

کاکا/ماما
oom

ورور
broer

خور
zus

بدن

lichaam

تندی
voorhoofd
سترګې
oog
مخ
gezicht
زنه
kin
سینه
borst
ګوته
vinger
لاس
hand
مټ
arm
اوږه
schouder
پښه
been

ماشوم

baby

سړی

man

ښځه

vrouw

انجلۍ

meisje

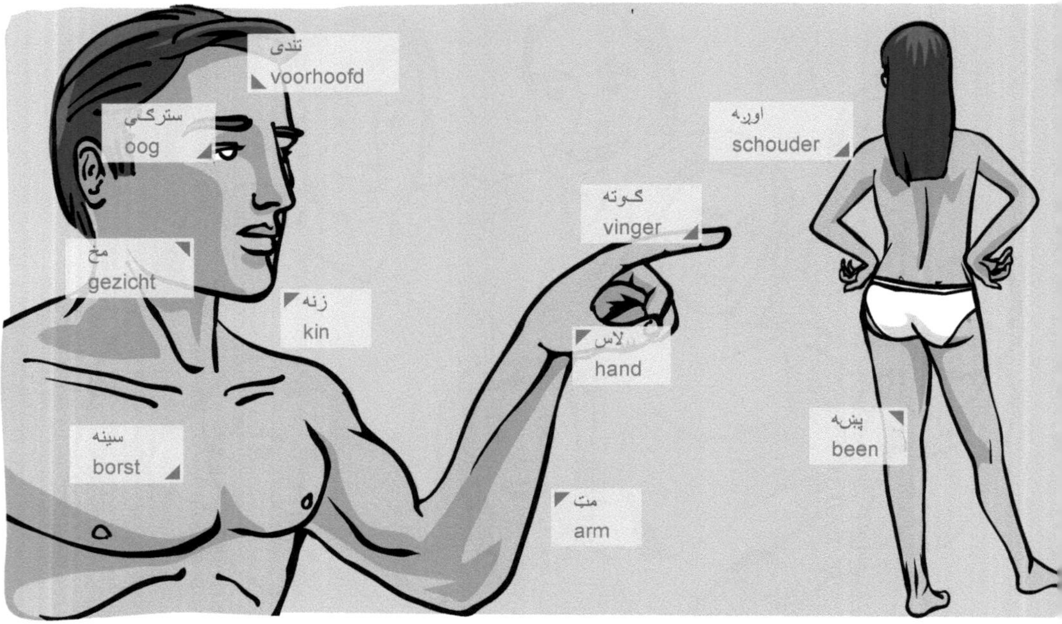

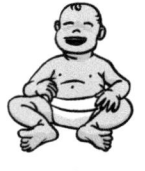

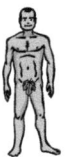

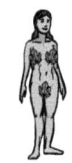

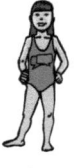

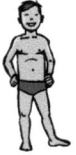

هلک

jongen

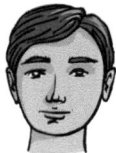

سر

hoofd

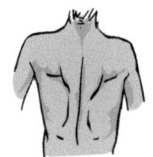

شا
....
rug

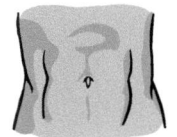

خیټه
....
buik

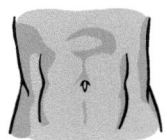

نوم
....
navel

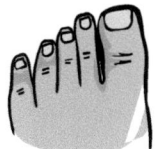

د پښې ګوته
....
teen

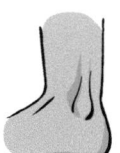

پونده
....
hiel

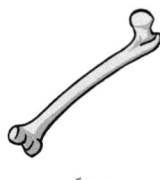

هډوکی
....
bot

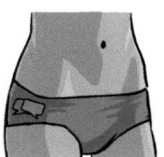

کوناټی
....
heup

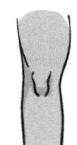

زنګون
....
knie

څنګل
....
elleboog

پوزه
....
neus

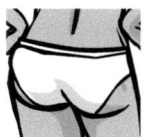

لاندی برخه
....
zitvlak

پوټکی
....
huid

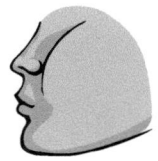

غومبوری
....
wang

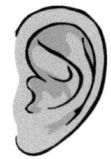

غوږ
....
oor

شونډه
....
lip

خوله

mond

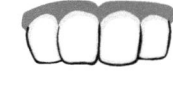

غاښ

tand

ژبه

tong

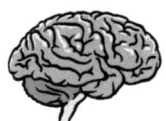

مغز

hersenen

زړه

hart

عضله

spier

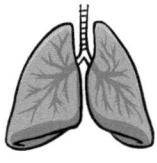

سږی

long

ځيګر

lever

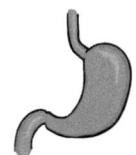

معده

maag

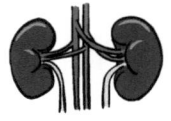

پښتورګي

nieren

جنسي نږدي والی

seks

كاندوم

condoom

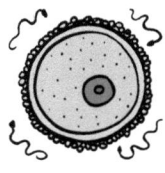

تخمه

eicel

مني

sperma

حمل

zwangerschap

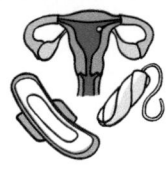

حیض

menstruatie

مهبل

vagina

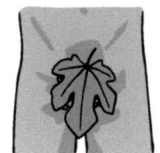

د نارینه تناسلي آله

penis

وروخی

wenkbrauw

ویښته

haar

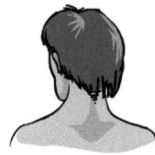

غاړه

nek

روغتون
ziekenhuis

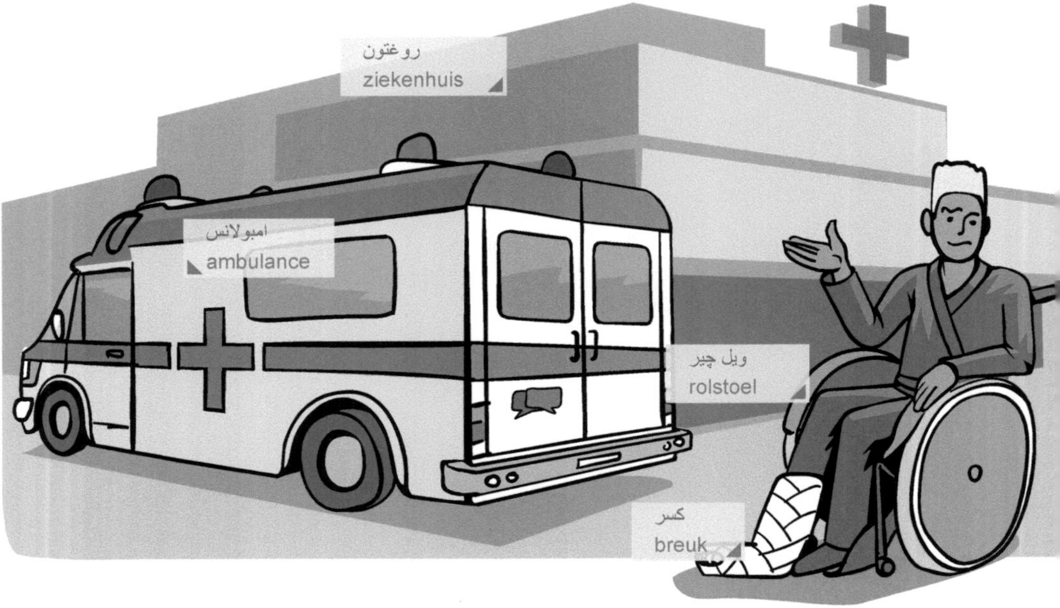

روغتون
ziekenhuis
امبولانس
ambulance
ویل چیر
rolstoel
کسر
breuk

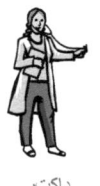

داکټر

dokter

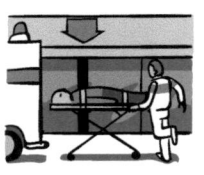

عاجل خونه

spoed

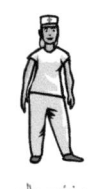

رنځورپال

verpleegkundige

عاجل

noodgeval

بې هوش

bewusteloos

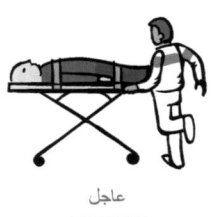

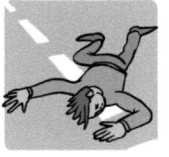

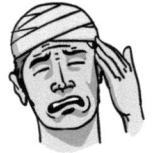

درد

pijn

تپ

verwonding

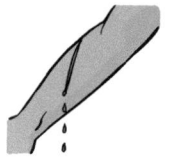

لدیوت هنیو

bloeding

د زره حمله

hartaanval

ضرب

beroerte

حساسیت

allergie

ټوخی

hoest

تبه

koorts

انفلوینزا

griep

نس ناستی

diarree

سر درد

hoofdpijn

سرطان

kanker

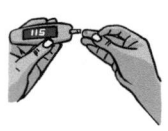

شکر

diabetes

جراح

chirurg

سکالپل

scalpel

عملیات

operatie

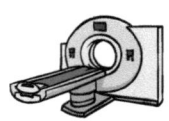

سی‌تی

CT

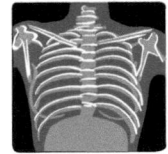

رى ایکس رى

röntgenstraal

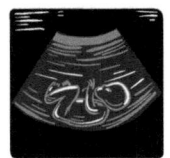

التراساوند

ultrageluid

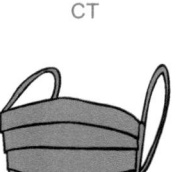

ماسک خم د

gezichtsmasker

یغوران

ziekte

انتظار خونه

wachtkamer

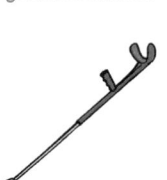

آسما

kruk

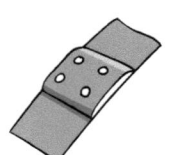

پلستر

pleister

بنداژ

verband

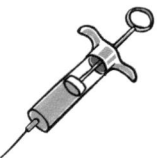

قزریت

injectie

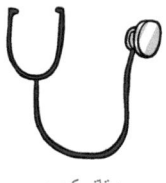

ستاتسکوپ

stethoscoop

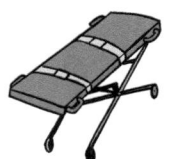

تسکیره

brancard

کلینکي ترماميتر

thermometer

زيدون

geboorte

زیات وزن

overgewicht

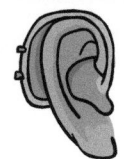

د اوريدو مرسته

hoorapparaat

د عفونيت څخه پاکونکي مواد

ontsmettingsmiddel

عفونيت

infectie

ويروس

virus

ايچ.آي.وي/ايدز

HIV / AIDS

درمل

medicijn

واکسين

vaccinatie

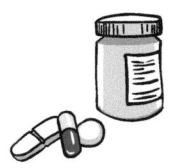

ټابليټس

tabletten

ګولۍ

pil

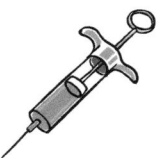

عاجل تليفون

noodoproep

د وينې د فشار څارونکی

bloeddrukmeter

غوړ/روغ/ناروغ

ziek / gezond

مرسته!

Help!

يرغل

overval

بريد

aanval

خطر

gevaar

هاره لاجل عا

nooduitgang

اور!

Brand!

د اور وژونکی

brandblusser

پيښه

ongeval

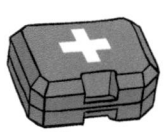

د لومړي مرستي لوازم

EHBO-kit

ايس.او.ايس

SOS

پوليس

politie

اروپا

Europa

شمالي امريکا

Noord-Amerika

سهيلي امريکا

Zuid-Amerika

افريقا

Afrika

آسيا

Azië

آسټرېليا

Australië

اتلانتيک

Atlantische Oceaan

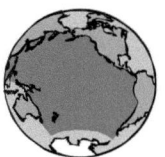

پاسيفيک

Stille Oceaan

د هند بحر

Indische Oceaan

جنوبي منجمد بحر

Antarctische Oceaan

د شمال قطب بحر

Arctische Oceaan

شمالي قطب

Noordpool

سهيلي قطب
Zuidpool

انتارکتیکا
Antarctica

خُمکه
aarde

خُمکه
land

بحر
zee

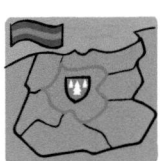

نتپاپو
eiland

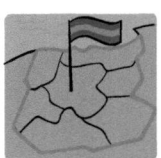

ملت
natie

دولت
staat

د مخي ساعت

wijzerplaat

د ساعت ستنه

uurwijzer

د دقیقی ستنه

minuutwijzer

د ثانیی ستنه

secondewijzer

څه وخت دی؟

Hoe laat is het?

ورځ

dag

وخت

tijd

اوس

nu

دیجیټل ساعت

digitale horloge

دقیقه

minuut

ساعت

uur

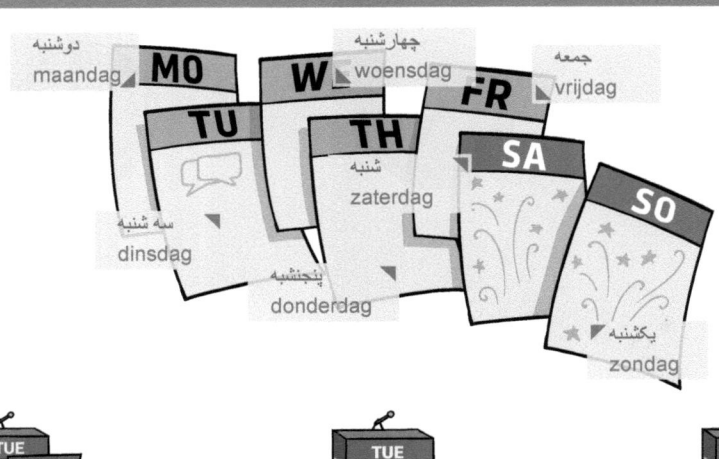

دوشنبه
maandag **MO**

چهارشنبه
W woensdag

جمعه
vrijdag **FR**

TU

TH

SA

SO

سه شنبه
dinsdag

شنبه
zaterdag

پنجشنبه
donderdag

یکشنبه
zondag

پرون

gisteren

نن

vandaag

سبا

morgen

سهار

ochtend

غرمه

middag

ماښام

avond

MO	TU	WE	TH	FR	SA	SU
1	2	3	4	5	6	7
8	9	10	11	12	13	14
15	16	17	18	19	20	21
22	23	24	25	26	27	28
29	30	31	1	2	3	4

کاري ورځي

werkdagen

MO	TU	WE	TH	FR	SA	SU
1	2	3	4	5	6	7
8	9	10	11	12	13	14
15	16	17	18	19	20	21
22	23	24	25	26	27	28
29	30	31	1	2	3	4

د اونۍ پای

weekend

کال
jaar

باران
regen
رنګین کمان
regenboog
باد
wind
واوره
sneeuw
پسرلی
lente
منی
herfst
اوړی
zomer
ژمی
winter

4.APRIL 11°
5.APRIL 4°
6.APRIL 13°
7.APRIL 8°
8.APRIL 10°

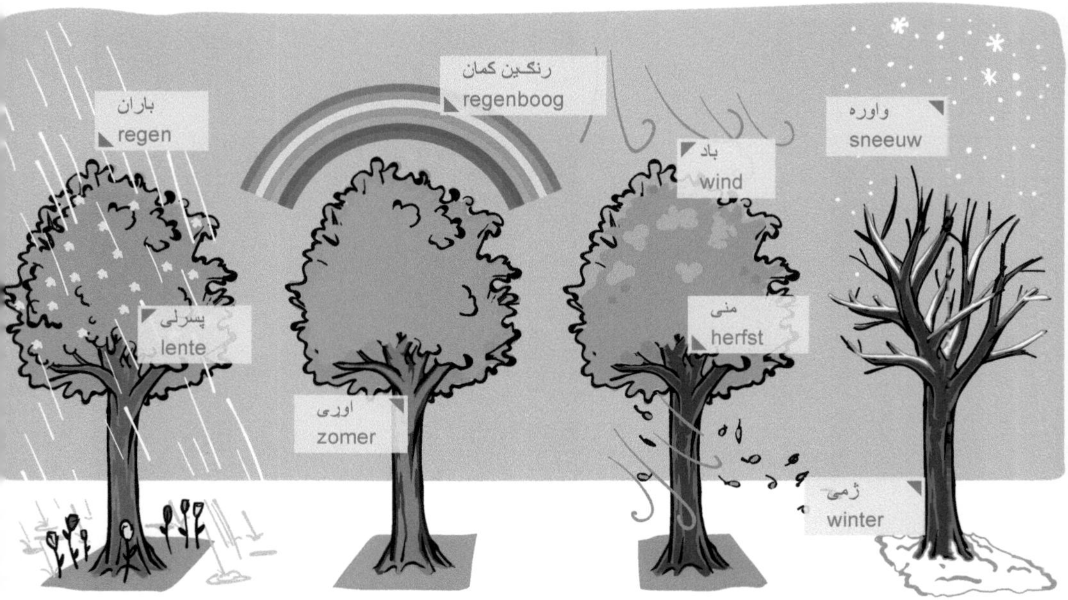

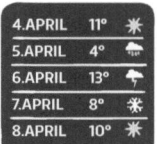

د موسم وړاندوینه
....
weervoorspelling

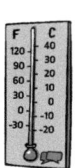

F C
120 90 60 30 0 -30
40 30 20 10 0 -10 -20

ترمومیټر
....
thermometer

د لمر وړانګې
....
zonneschijn

وریځ
....
wolk

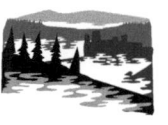

لړه
....
mist

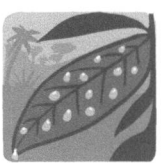

رطوبت
....
vochtigheid

رنا

bliksem

تندر

donder

توفان

storm

ژلی وریدل

hagel

مون سون باران

moesson

سيلاب

overstroming

يخ

ijs

جنوري

januari

فبروري

februari

مارچ

maart

اپرېل

april

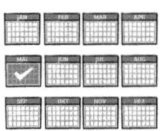

مى

mei

جون

juni

جولای

juli

اگست

augustus

سپتمبر
....
september

اکتوبر
....
oktober

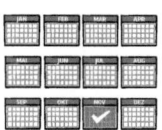

نومبر
....
november

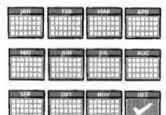

دسمبر
....
december

شکلونه

vormen

دایره
....
cirkel

مربع
....
kwadraat

مستطیل
....
rechthoek

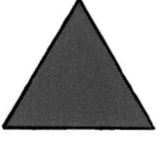

مثلث
....
driehoek

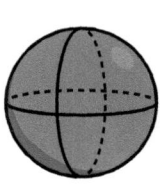

توپ
....
bol

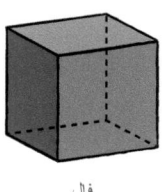

فال
....
kubus

سپين
....
wit

ژير
....
geel

نارنجي
....
oranje

كلابي
....
roze

سور
....
rood

ارغواني
....
paars

نيلي
....
blauw

ښين
....
groen

نسواري
....
bruin

خر
....
grijs

تور
....
zwart

خورا ډير/خورا لږ

veel / weinig

قار/ارام

boos / kalm

ښکلی/بدشکله

mooi / lelijk

پیل/پای

begin / einde

لوی/کوچنی

groot / klein

روښانه/تیاره

licht / donker

ورور/خور

broer / zus

پاک/ککر

proper / vuil

مکمل/نامکمل

volledig / onvolledig

ورخ/شپه

dag / nacht

مړ/ژوندی

dood / levend

پراخه/نری

breed / smal

د خوراک وړ/نه خوړل کیدونکی
....
eetbaar / oneetbaar

بد/مهربان
....
kwaadaardig / vriendelijk

پاریدلی/بی خونده
....
opgewonden / verveeld

چاق/وچ
....
dik / dun

لومړی/وروستی
....
eerst / laatst

ملګری/دښمن
....
vriend / vijand

ډک/تش
....
vol / leeg

سخت/نرم
....
hard / zacht

دروند/سپک
....
zwaar / licht

لوږه/تنده
....
honger / dorst

ناروغ/روغ
....
ziek / gezond

غیرقانونی/قانونی
....
illegaal / legaal

هوښیار/ساده
....
intelligent / dom

کین/ښی
....
links / rechts

نږدې/لری
....
dichtbij / veraf

نو/ژور

nieuw / gebruikt

هیخ/یوڤه

niets / iets

بدا/خوان

oud / jong

چالاد/بند

aan / uit

خلاص/ترلی

open / dicht

غلید/لور غر

stil / luid

بدایه/غریب

rijk / arm

صحیه/غلط

juist / fout

زیر/ملایم

ruw / glad

خفه/خوش

droevig / blij

لند/اورد

kort / lang

سست/گرندی

traag / snel

لوند/وچ

nat / droog

کرم/یخ

warm / koud

جکره/سوله

oorlog / vrede

0

صفر

nul

1

يو

één

2

دوه

twee

3

دري

drie

4

څلور

vier

5

پنځه

vijf

6

شپږ

zes

7

اوه

zeven

8

اته

acht

9

نهه

negen

10

لس

tien

11

يولس

elf

12

سلود

twaalf

13

سلاريد

dertien

14

سلاروخ

veertien

15

سلخخذپ

vijftien

16

سراپش

zestien

17

سلوو

zeventien

18

سلتا

achtien

19

سلون

negentien

20

لش

twintig

100

لس

honderd

1.000

رز

duizend

1.000.000

ميليون

miljoen

انګلسي

Engels

امریکایی انګلسي

Amerikaans Engels

چینایی مندرین

Chinees (Mandarijn)

هندي

Hindi

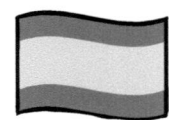

هسپانوي

Spaans

فرانسوي

Frans

عربي

Arabisch

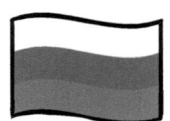

روسي

Russisch

پرتګالي

Portugees

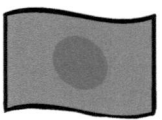

بنګالي

Bengali

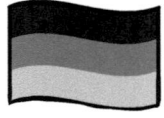

آلماني

Duits

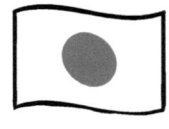

جاپاني

Japans

زه

ik

ته

u

هغه/دغه/دا

hij / zij / het

مونږ

wij

تاسي

u

دوی/هغوی

ze

څوک؟

wie?

څه؟

wat?

څنګه؟

hoe?

چیري؟

waar?

کله؟

wanneer?

نوم

naam

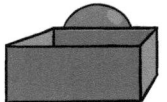

شاته
....
achter

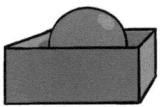

پہ
....
in

پہ مخه کی
....
voor

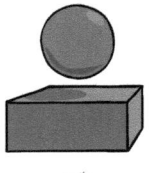

باندی
....
boven

پہ
....
op

لاندی
....
onder

برسیره پر
....
naast

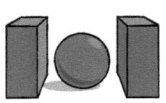

ترمینځ
....
tussen

ځای
....
plaats